Beginning French Lessons for Curious Kids

A Children's Learn French Books

BABY PROFESSOR

EDUCATION KIDS

D1736594

Speedy Publishing LLC
40 E. Main St. #1156
Newark, DE 19711
www.speedypublishing.com

Bonjour!
Do you want to know some useful French phrases?

Read on and learn some French phrases.

Bonjour

bohn-zhoor

Hello.

Bonjour

Bonjour

Bonjour

Je m'appelle...

zhuh mah-pehl

My name is...

Parlez lentement.

par-lay lehn-ta-mohn

Please speak slowly.

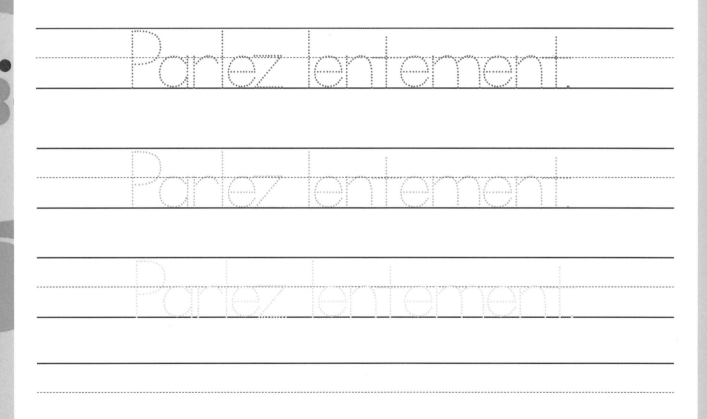

Je ne comprends pas.

zhuh nuh kohn-prahn pah

I don't understand.

Je ne comprends pas.

Je ne comprends pas.

Je ne comprends pas.

Merci

mehr-see

Thank you.

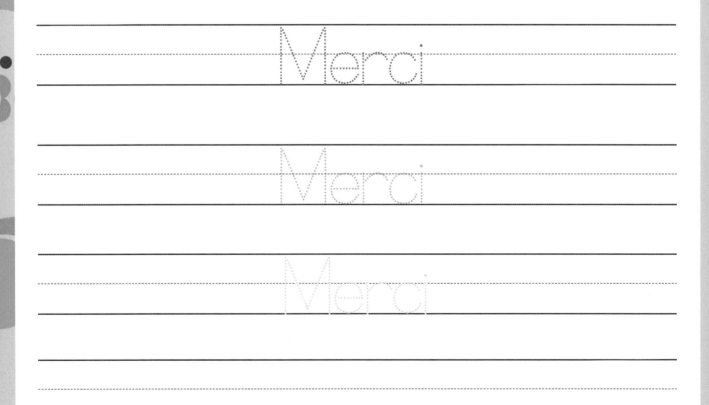

Review Exercise # 1

Match the French phrase to its corresponding English translation

Je m'appelle... •   • Hello.

Je ne comprends pas. •   • My name is...

Merci •   • Please speak slowly.

Parlez lentement. •   • I don't understand.

Bonjour •   • Thank you.

De rien.

dah ree-ehn

You' re welcome

De rien.

De rien.

De rien.

Excusez-moi.

ehk-kew-zay mwah

Excuse me.

Je t'aime.

zhuh-tehm

I love you.

Je veux être avec toi.

zheh-vehr-eht-trah-ah-vehk-twah

I want to be with you.

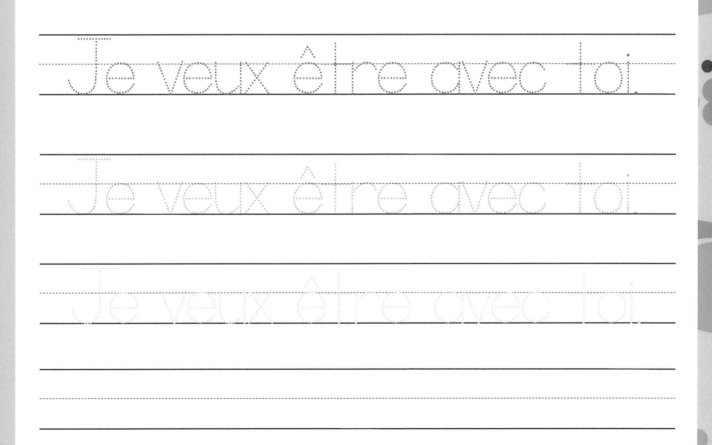

Comment allez-vous?

kom-mohn tah-lay voo

How are you?

Review Exercise # 2

Match the French phrase to its corresponding English translation

Excusez-moi. •　　　• You're welcome

Je veux être avec toi. •　　　• Excuse me.

Comment allez-vous? •　　　• I love you.

Je veux être avec toi. •　　　• I want to be with you.

De rien. •　　　• How are you?

Je suis de...

zhuh swee duh

I am from...

Je suis de...

Je suis de...

Je suis de...

Je voudrais...

zhuh voo-dreh

I would like...

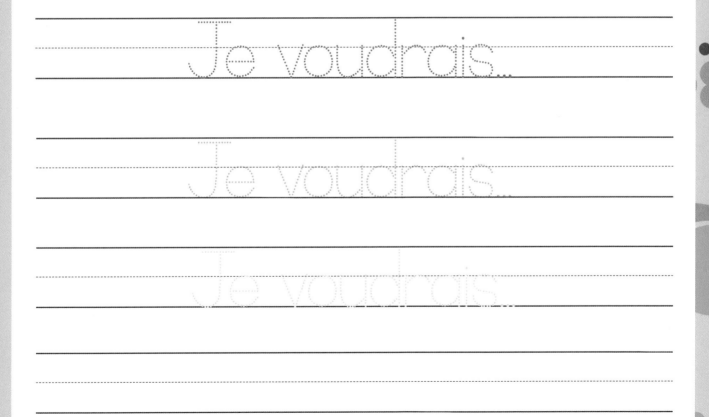

Je voudrais...

Je voudrais...

Je voudrais...

Salut!

sah-loo

Hi! / Bye!

Ça va?

sah vah

How are you?

Ça va?

Ça va?

Ça va?

Combien coûte-t-il?

bee en coo teel

How much does it cost?

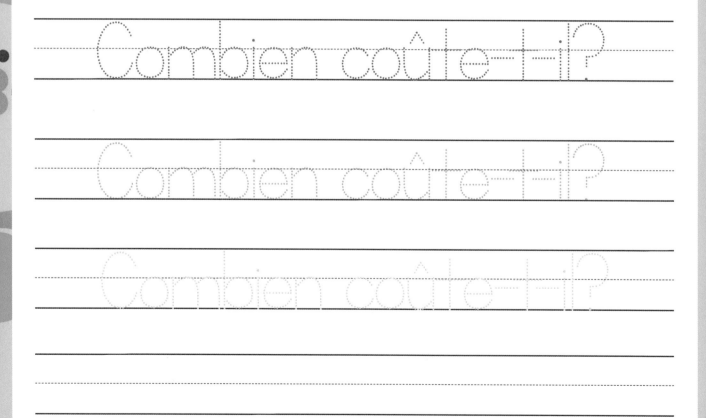

Review Exercise # 3

Match the French phrase to its corresponding English translation

Je voudrais... •   • I am from...

Ça va? •   • I would like...

Combien coûte-t-il? •   • Hi! / Bye!

Je suis de... •   • How are you?

Salut! •   • How much does it cost?

S'il vous plaît.

see voo play

Please.

Ne t'en fais pas.

nuh tawn feh pah

Don't worry. (informal)

Ne vous en faites pas.

nuh voo zawn fett pah

Don't worry. (formal)

Ne vous en faites pas.

Ne vous en faites pas.

Ne vous en faites pas.

Non.

nohn

No.

D'accord

dah-core

OK

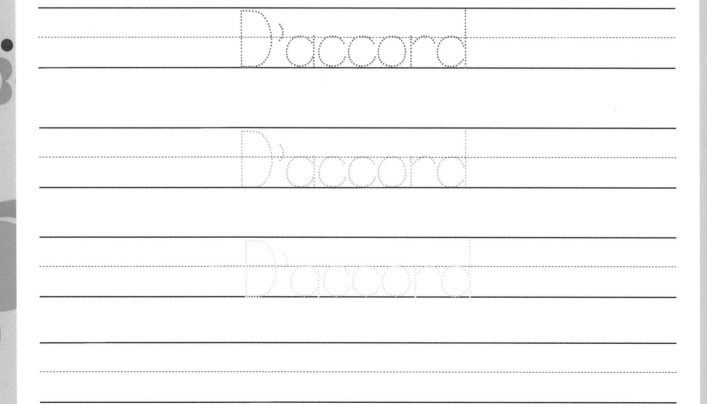

Review Exercise # 4

Match the French phrase to its corresponding English translation

S'il vous plaît. •   • Please.

Ne vous en faites pas. •   • Don't worry. (informal)

D'accord •   • Don't worry. (formal)

Ne t'en fais pas. •   • No.

Non. •   • OK

Je ne comprends pas.

jhuhn kom-prohn pah

I don't understand.

Je ne comprends pas.

Je ne comprends pas

Je ne comprends pas

Avez-vous...

ah-way voo

Do you have...

Avez-vous...

Avez-vous...

Avez-vous...

Parlez-vous anglais?

pahr-lay voo ahn-leh

Do you speak English?

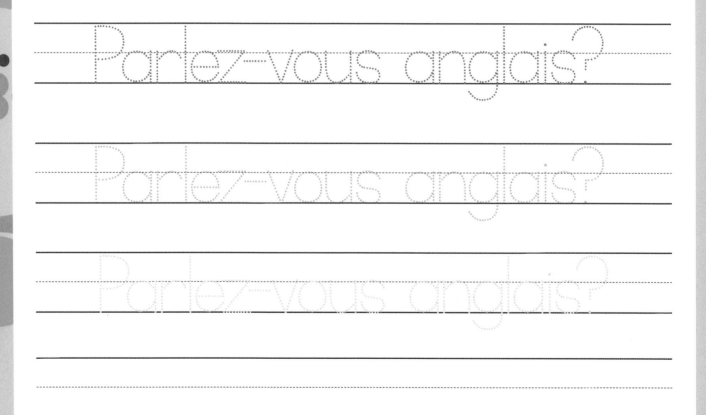

Qu sont les toilettes?

oo sahn lay twah-leht

Where are the bathrooms?

Qu sont les toilettes?

Qu sont les toilettes?

Qu sont les toilettes?

Ce n'est pas grave.

suh neh pah grahv

No problem.

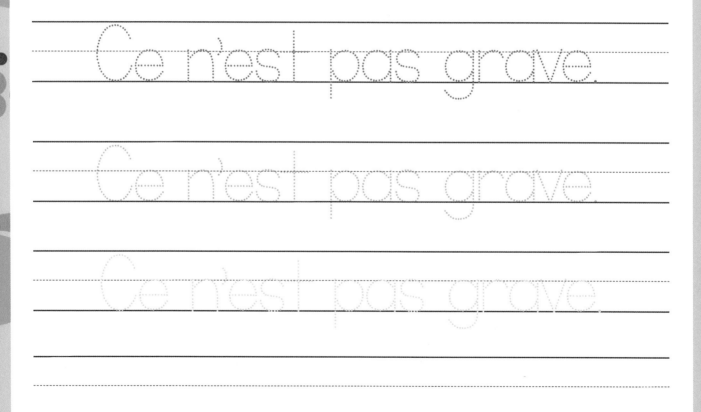

Ce n'est pas grave.

Ce n'est pas grave.

Ce n'est pas grave.

Review Exercise # 5

Match the French phrase to its corresponding English translation

Je ne comprends pas. •   • I don't understand.

Parlez-vous anglais? •   • Do you have...

Ce n'est pas grave. •   • Do you speak English?

Avez-vous... •   • Where are the bathrooms?

Qu sont les toilettes? •   • No problem.

Je vais bien.

zhuh vay bee-ahn

I'm fine.

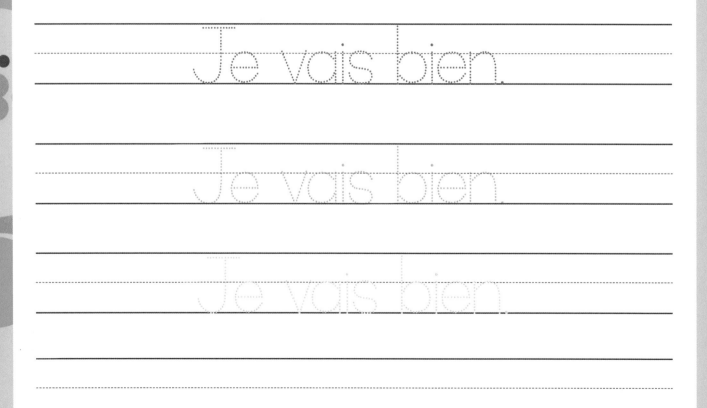

Allons-y!

ah-lohn-zee

Let's go!

Tu parles anglais?

tew parl on-glay

Do you speak English?

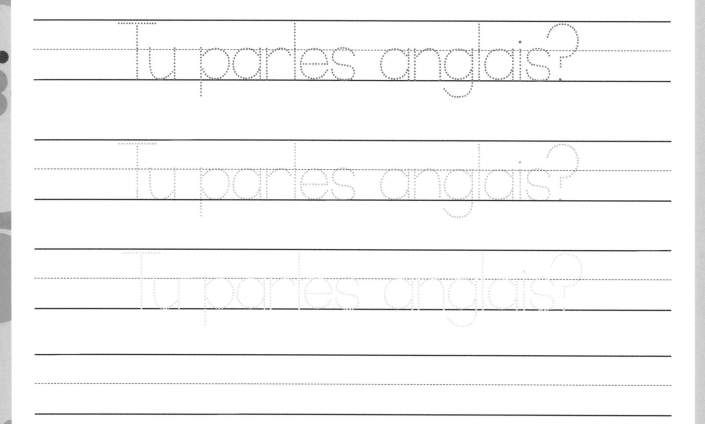

Je ne sais pas.

zheh-nuh say pah

I don't know.

Au revoir.

oh-reh-vwar

Goodbye.

Review Exercise # 6

Match the French phrase to its corresponding English translation

Je vais bien. •   • I'm fine.

Tu parles anglais? •   • Let's go!

Au revoir. •   • Do you speak English?

Allons-y! •   • I don't know.

Je ne sais pas. •   • Goodbye.

Visit

BABY PROFESSOR
EDUCATION KIDS

www.BabyProfessorBooks.com

to download Free Baby Professor eBooks
and view our catalog of new and exciting
Children's Books

Made in the USA
San Bernardino, CA
02 April 2020

66748876R10024